AF371160

NOTICE HISTORIQUE,

SUR

ARNAULD,

Abbé de Citeaux, Légat du St. Siège,
Archevêque de Narbonne, et célèbre
*Écrivain du XIII*e*. siècle.*

PAR JOSEPH DE ROSNY.

De plusieurs Académies et Sociétés savantes,
tant nationales qu'étrangères.

A VALENCIENNES,

Chez H.-J. PRIGNET, Imprimeur des Administrations.

M. D CCC. X.

NOTICE HISTORIQUE

SUR

ARNAULD,

Abbé de Citeaux, Légat du St. Siège, Archevêque
de Narbonne et célèbre écrivain du XIIIe. siècle.

ARNAULD, surnommé *Amalric*, était un des plus célèbres
personnages de son siècle. Ce ne fut point cependant à sa
naissance qu'il fut redevable de sa célébrité, car on n'a que
peu de renseignemens sur sa famille et sa patrie, mais ce
fut à son esprit remuant et toujours actif qu'il dut la haute
réputation dont il jouit de son tems. Il fut nommé dès sa
plus tendre jeunesse moine de Citeaux et fut ensuite choisi
pour gouverner le monastère de Poblet, *Populetum*, près de
Burgos en Espagne, en qualité d'abbé. Ce fut pendant son
séjour dans cette abbaye qu'il conféra l'habit de religieux
au prince Ferdinand, infant d'Arragon, fils du roi Alphonse II,
et frère de don Pèdre, tué au siège de Muret en 1213.
Ensuite il quitta en 1199 le monastère de Poblet pour venir
gouverner celui de *Grandselve*, en Languedoc. Enfin deux
années après, c'est-à-dire en 1201, il fut nommé abbé de
Citeaux. Ce fut vers ce tems que le pape Innocent III, lui
dédia un recueil de sermons qu'il avait composés tant en
langue latine qu'en langue vulgaire, ce qui prouve l'estime
et la considération dont il jouissait auprès du chef de l'église.

En 1204, l'abbé Arnauld déploya de grands talens dans
une mission importante qui lui fut confiée par ce même
pontife. Les pouvoirs illimités dont ce pape avait revêtu ses
deux légats en Languedoc, avaient soulevés contre eux l'archevêque de Narbonne, ainsi que la majeure partie des évêques
de la province. Innocent III, voulant appaiser ces dissentions

prit le parti de nommer un troisième légat et fixa les yeux sur l'abbé de Cîteaux en le chargeant spécialement d'employer tous les moyens qui seraient en son pouvoir, pour extirper l'hérésie et punir les réfractaires par la voie de l'excommunication. Il lui enjoignit en outre, d'ordonner de sa part au roi Philippe, au prince Louis son fils et généralement à tous les seigneurs et à la noblesse d'user de sévérité envers les hérétiques, soit en les exilant, soit en saisissant leurs biens. On reproche à Arnauld d'avoir exécuté trop ponctuellement ces ordres rigoureux et d'y avoir mis un zèle outré et peu réfléchi.

Arnauld fut également chargé par le même pontife d'approfondir la vérité des inculpations faites contre l'archevêque de Narbonne, avec plein pouvoir de le déposer s'il était coupable et de nommer de suite à sa place ; mais ce nouveau légat ne répondit pas entièrement à la confiance sans bornes dont ce pape l'avait investi. On lui reproche la hauteur et l'arrogance qu'il déploya dans tout le cours de sa mission, non seulement envers les évêques dont il était chargé d'examiner la conduite, mais encore envers les princes français et le roi lui-même.

En 1205, Arnauld se rendit à Toulouse avec les deux autres légats ses collègues, pour y recevoir le serment du comte Raymond, qui s'engageait à chasser les hérétiques de ses états et à y rétablir la paix. Il se rendit ensuite à Montpellier pour y réprimer *certains* désordres, avec le titre remarquable *d'inquisiteur du siège apostolique*, mais il ne tarda pas à se dégoûter de ses fonctions par les reproches qu'il essuyait de toutes parts. Il était sur le point d'y renoncer lorsque Diego Arebez, évêque d'Osma en Espagne, arriva de Rome à Montpellier avec saint Dominique. Ce prélat engagea Arnauld à continuer sa mission et, pour la rendre plus utile, il lui proposa de faire ses différens voyages à pied et d'imiter les apôtres en ne portant avec soi ni or ni argent et s'offrit de l'accompagner de cette manière pour lui donner l'exemple. Arnauld accepta la proposition, de concert avec ses deux collègues, et pour augmenter le nombre, il se rendit à son abbaye de Cîteaux, d'où il ramena environ trente personnes tant abbés que moines, tous recommandables, selon l'auteur de la chronique d'Auxerre, par leur zèle, leurs lumières, leurs talents et leurs vertus. Ils observèrent une vie très-frugale et marchèrent à pied sur toutes les routes. lorsqu'ils furent réunis à l'évêque d'Osma et à saint Dominique dans la ville de Montréal située dans le haut Languedoc, ils convinrent de se diviser et de parcourir séparement toute la province alors accusée d'hérésie ; ce qu'ils exécutèrent avec beaucoup de peines et de fatigues sans avoir la satisfaction d'en retirer de grands succès. Sur ces entrrefaites, Arnauld reçut du pape une nouvelle mission qui le sépara de ses collègues en l'envoyant à Marseille pour y appaiser de nouveaux troubles auxquels les habitans de la ville avaient donné lieu en dépouillant leur seigneur, nommé *Barral*, de tous ses biens et de ses titres.

En 1208 Arnauld, toujours accompagné d'un des deux autres légats ses collègues, nommé *Pierre de Castelnau*, se rendit à saint Gilles pour y avoir une conférence avec Raymond, comte de Toulouse, et s'y concerter sur les moyens d'arrêter les progrès de l'hérésie, mais ces deux légats mécontens des irrésolntions de ce prince, lui déclarèrent qu'ils allaient se retirer ; le comte irrité les menaça de les faire mourir ; cette menace ne les effraya pas ; cependant au moment où ils se disposaient à traverser le Rhône, Pierre de Castelnau fut tué d'un coup de lance. L'histoire ne s'explique pas sur les détails de cet assassinat. Arnauld ne doutant pas qu'il ne fut l'ouvrage du comte de Toulouse, écrivit au pape et l'indisposa contre ce prince. Innocent III, écrivit le 10 mars de la même année, à tous les prélats des cinq provinces pour les exciter à la vengeance, en les engageant à poursuivre à la fois les biens et la personne de Raymond, en lui laissant cependant la faculté de se justifier ; mais il n'en eut pas le tems, car le pontife écrivit le même jour tant à Philippe-Auguste, qu'aux grands seigneurs et au peuple de France, pour les engager à prendre les armes contre le comte de Toulouse, à l'effet d'exterminer les hérétiques qui se trouvaient dans ses états, afin de venger la mort de Pierre de Castelnau son légat. Dans toutes ces lettres, Innocent III accorda à tous ceux qui prirent parti dans cette croisade les mêmes indulgences qu'à ceux qui partaient pour les croisades de la terre sainte. Ce pape écrivit aussi à l'abbé Arnauld pour le maintenir dans ses projets de vengeance. Dans cette lettre il fait l'éloge de sa fermeté, de sa prudence, et des louables intentions où il était de sacrifier sa vie, s'il était nécessaire. Il le félicite de ce que le meurtre de son collègue loin d'avoir porté le découragement et l'effroi dans son âme, n'a servi qu'à ranimer son zèle et son ardeur à combattre les ennemis de la foi. Enfin il termine sa lettre par la promesse de le seconder de tous ses moyens et de lui envoier les pouvoirs qu'il croirait nécessaires pour agir avec rigueur.

Arnauld, muni de tous ces papiers, prêcha ouvertement avec les religieux de son ordre, partout le royaume, la croisade contre tous les hérétiques du Languedoc et publia les indulgences que le chef de l'église y avait attachées. Plusieurs princes et grands seigneurs s'empressèrent de se ranger sous les étendards de cette expédition. Guy, abbé des Vaux de Sernai, l'un des plus ardens sectateurs de cette croisade, pressa le départ de ces nouveaux croisés. Le comte de Toulouse effrayé de tous ces préparatifs et informé que les évêques de de France avaient député à Rome *Foulques*, évêque de Toulouse, et *Navarre*, évêque de Conserans, pour demander un surcroît de forces, sentit la nécessité de détourner l'orage qui se formait sur sa tête et envoya de son côté auprès du pape, *Bernard* archevêque d'Auch, et *Raymond* de *Rabastens*, ancien évêque de Toulouse. Il les chargea de se plaindre amèrement de la hauteur et de la dureté avec lesquelles Arnauld le traitait et du peu d'égards qu'il avait pour son caractère et sa naissance, avec la promesse de déférer aveuglement à tout autre prélat qu'il plairait à sa sainteté d'envoyer à la place de l'abbé de Cîteaux, qu'il considérait comme son plus grand ennemi. Pendant que l'on travaillait à cette mission, le comte Raymond ayant appris qu'Arnauld était à Aubenas en Vivarais, crut prudent de dissimuler et se rendit auprès de ce légat avec le vicomte de Béziers, son neveu, et plusieurs autres seigneurs ses vassaux. Ce prince fit tous ses efforts pour appaiser le ressentiment de son redoutable ennemi, mais ils furent inutiles;

il ne parvint point à le convaincre de son innocence. Il eut beau lui représenter qu'il ne pouvait être responsable de l'attentat commis par un de ses gens sur la personne de Pierre de Castelnau , Arnauld refusa constament d'ajouter foi à ses discours et le renvoya pardevant le pape pour se justifier; ce qui détermina le comte de Toulouse à dépêcher de nouveaux ambassadeurs auprès d'Innocent III. Ce pontife les reçut avec bonté, les écouta favorablement et leur dit que puisque le comte se soumettait aux lois de l'église, il acceptait ses soumissions et lui permettait de prouver son innocence, comme si cette faculté, fondée sur la justice, n'appartenait pas de droit à tout accusé ; il exigea en outre que, pour garantie de ses promesses , ce prince remit à l'église romaine, jusqu'à sa justification, sept de ses principaux châteaux. Raymond approuva cette condition quelleque rigide qu'elle fut ; cela n'empéchat pas le pape , dont l'abbé Arnauld avait excité la méfiance contre la loyauté de ce prince , d'animer de nouveau contre lui le roi de France et de presser l'armement de la croisade que son légat avait préparée. Le comte de Toulouse justement allarmé de la prévention d'Arnauld , le pria d'envoyer en sa place, auprès de sa personne , un légat romain à *Latère*, avec lequel il put traiter directement. Le pape ne pouvant se refuser à sa demande , nomma pour cette mission, sans néanmoins revoquer les pouvoirs de l'abbé de Cîteaux , son notaire , *notarius*, ou secrétaire, nommé *Milon*. Raymond laissa éclater sa joie à cette nouvelle, dans l'espérance que ce nouveau légat lui serait plus favorable que l'autre, mais il fut trompé dans son espérance , car dans les instructions que Milon reçut d'Innocent III, il était tenu de régler sa conduite sur les avis d'Arnauld. A son arrivée en France, Milon rejoignit son conseil à Auxerre et se concerta avec lui sur les affaires de la légation. Ils se rendirent ensuite à Villeneuve, dans le diocèse de Sens, auprès du roi qui tenait alors dans cette ville une assemblée de parlement, avec les grands de son royaume. Ils lui remirent les lettres que le pape lui écrivait pour le supplier de se rendre en personne en Languedoc, où du moins d'y envoyer son fils pour y prendre la défense de l'église contre les hérétiques. Philippe-Auguste répondit que ses affaires ne lui permettaient pas de se rendre aux désirs de sa sainteté ; que tout ce qu'il pouvait faire était de permettre à ses barons de prendre part à cette entreprise.

Les deux légats se séparèrent après avoir pris congé du roi. L'abbé Arnauld resta en France pour y former l'armée, qui devait marcher à cette expédition. Il y mit tant d'activité qu'elle fut rassemblée à Lyon dès le commencement de l'année 1209, et les croisés, témoins de son zèle, le proclamèrent généralissime.

Pendant que l'abbé de Cîteaux faisait toutes ses disposition pour porter la guerre dans le midi de la France, un événement imprévu qui se passa en Angleterre, faillit le brouiller avec le pape et renverser tous ses projets. Les évêques de Londres, d'Eli et de Warschestre, tous trois nommés commissaires d'Innocent III, pour l'élection d'un archevêque de Cantorbery, avaient jetté un interdit général sur toute la France, sans en excepter les moines de Cîteaux qui se prétendaient à l'abri de cette mesure par les privilèges de leur ordre. Ils consultèrent à cet effet Arnauld comme étant leur supérieur : Arnauld leur répondit qu'ils étaient dispensés de se soumettre à cet interdit à moins qu'on ne leur exhibat une copie du rescrit du pape et que dans le cas où on la leur produirait, ils étaient fondés à se défendre contre les exécuteurs de la sentence, pour peu qu'il y parut quelqu'indice de subreption. Innocent III, piqué de cette espèce de résistance à ses ordres, lui écrivit une lettre de reproches dans laquelle il lui disait : « quoique vous ayez pu « selon la rigueur du droit faire cette réponse pleine de ruse « et de finesse, il ne vous convenait pas de soupçonner de si « dignes évêques de s'être arrogés un pouvoir que nous ne « leur aurions pas donné , ou de l'avoir malicieusement étendu « sur ceux qui n'y étaient pas sujets, et il ne vous appar- « tenait pas de juger les autres d'après vous-même, ni de « concevoir contre eux de pareils soupçons. S'ils en eussent « agi de même envers vous, il est certain que vous n'eussiez « pas manqué de les taxer d'avoir la conscience bien scru- « puleuse. » Le pape termine cette lettre par lui certifier que les évêques n'ont agi que d'après ses ordres, et par lui enjoindre de faire exécuter ponctuellement tous les réglemens qui auraient rapport à cette affaire. Cette lettre d'Innocent est datée du 5 février 1210. Ce même pontife en écrivit une seconde à l'abbé de Cîteaux, dans laquelle il lui dit que l'espèce de mépris que les religieux de son ordre ont manifesté dans cette affaire, est d'autant plus coupable, qu'il est injurieux pour sa personne et que si son zèle n'était pas retenu par la charité la plus ardente qu'il a, tant pour lui que pour ses religieux, il leur infligerait un chatiment si rigoureux qu'ils ne s'y exposeraient plus à l'avenir. Arnauld, dans sa réponse, lui adressa les plus humbles excuses. Quoique le pape le considérât comme un homme rusé et astucieux il lui rendit sa confiance. Arnauld en profita pour poursuivre l'exécution de sa grande entreprise contre les hérétiques ou plutôt contre le comte de Toulouse, dont il s'était déclaré l'ennemi le plus implacable. Il se mit de nouveau à la tête des croisés et se rendit avec eux et le légat Milon à Montpellier, où cette petite armée se reposa quelques jours. Raymond-Roger, vicomte de Béziers, ayant été informé de l'arrivée des croisés se rendit aussitôt dans cette ville pour y faire sa paix avec les deux légats, à l'exemple du comte de Toulouse son oncle. Il fit tous ses efforts pour justifier sa conduite à leurs yeux, et protesta qu'il était entièrement soumis aux lois de l'église. Il avoua qu'à la vérité ses officiers avaient pu favoriser les hérétiques, mais que c'était contre ses intentions, et que dans le fonds de son cœur, il désapprouvait leurs erreurs. Toutes les protestations de Roger furent inutiles. La prévention et la haine avaient endurci les deux légats, de sorte que ce prince se retira très-mécontent dans ses états, bien résolu de s'y défendre jusqu'à la dernière extrémité. Les croisés, après s'être reposés quelques jours à Montpellier, se mirent en marche sous la conduite de l'abbé de Cîteaux, prirent la route de Béziers et campèrent devant cette ville avec l'intention d'en faire le siège, mais avant de le commencer, Arnauld, de concert avec les autres chefs de l'armée, députa aux habitans de Béziers un nommé Réginald de Montperroux, leur évêque, pour les sommer, sous peine d'excommunication, de leur livrer tous les hérétiques qui étaient dans leurs murs, avec leurs biens, ou, dans le cas ou ils ne seraient pas en force, de sortir de la ville pour ne pas être enveloppés dans la ruine générale. Les remontrances de l'évêque Réginald furent sans succès. Les esprits étaient exaspérés et le ressentiment était porté à son comble. Les habitans de Béziers se réunirent aux hérètiques pour faire une vigoureuse défense et tous jurèrent de répandre la dernière goute de leur sang avant de se rendre, mais, malheureusement pour eux le succès ne répondit pas à leur courage, car la ville fut prise d'assaut dès le lendemain. Les croisés y étant entrés, passèrent tout au fil de l'épée sans distinction de religion, de sèxe, d'âge ni de condition, sans même aucun respect pour les lieux saints dans lesquels les femmes, les vieillards et les enfans s'étaient réfugiés; sans aucun égard pour leur asile, ces frénétiques, animés par le féroce Arnauld, en firent une horrible boucherie : l'histoire rapporte que l'on compte jusqu'à sept mille habitans qui furent ce jour-là massacrés sans pitié dans une seule église. Enfin pour assouvir leur fureur, ils s'approprièrent les dépouilles de leurs victimes et mirent le comble à leurs coupables excès en mettant le feu à la ville et en la brûlant entièrement,

Dans la relation du sac de cette ville que l'abbé de Citeaux envoya au pape, il ne fait monter qu'à quinze mille le nombre des personnes égorgées, mais l'historien Alberic plus sincère et plus véridique le porte à soixante mille. César d'Halberstadt autre historien contemporain, mais étranger, prétend que Béziers renfermait alors près de cent mille habitans. Il ajoute qu'avant le siège de cette ville les croisés demandèrent à leur chef Arnauld ce qu'ils devaient faire, en cas qu'ils parvinssent à la prendre d'assaut, pour distinguer les hérétiques des catholiques et que cet abbé qu'animait la fureur leur répondit : *tuez, tuez-les tous, Dieu reconnaîtra bien ceux qui sont à lui.*

Après cette sanglante et barbare expédition, ce légat conduisit son armée devant Carcassonne. Pierre roi d'Arragon, qui se prétendait seigneur Suzerain de cette ville, se rendit au camp des croisés dans l'intention de rendre service au vicomte Roger dont il était l'allié et l'ami. Il s'adressa à l'abbé de

Citeaux et aux chefs de l'armée pour leur demander grâce en faveur du vicomte. Ils lui demandèrent si ce prince l'avait chargé de faire des propositions de paix. Pierre répondit que non, mais que si l'on voulait lui accorder les moyens de lui parler, qu'il était certain d'avance qu'il ne refuserait pas sa médiation. On lui accorda, d'après sa demande, la permission d'entrer dans la ville pour se concerter avec le vicomte. Ce prince ne balança pas à remettre ses intérêts entre les mains du roi d'Arragon qui, après une longue conférence avec lui, retourna à la tante d'Arnauld où tous les principaux croisés s'étaient assemblés. Il leur rendit compte de sa négociation. Il plaida la cause du vicomte avec chaleur et dit qu'il offrait de se soumettre aux ordres du légat, qui lui imposa, pour condition, l'obligation de livrer tous les habitans de Carcassonne, à la discrétion des croisés. Roger rejetta avec indignation une loi aussi dure, et résolut de se deffendre jusqu'à la dernière extrémité, mais il ne fut pas plus heureux dans sa défense que le comte Raymond. La ville de Carcassonne eut le même sort que celle de Béziers : quoique le légat Arnauld se fut engagé à laisser sortir le vicomte avec armes, chevaux et bagages, il ne se fit aucun scrupule de manquer à sa parole en faisant arrêter ce prince et en le faisant renfermer dans une étroite prison.

L'abbé de Citeaux assembla, après la prise de Carcassonne, les principaux chefs de l'armée afin d'en choisir un d'entre eux pour être seigneur et gouverneur des pays conquis. Il proposa d'abord le duc de Bourgogne, mais ce prince répondit avec une noble générosité, qu'il possédait trop de vastes domaines pour usurper ceux du vicomte Roger, et qu'on avait commis assez d'injustices à son égard sans qu'il fut encore nécessaire d'envahir son patrimoine. Le légat jetta ensuite les yeux sur le comte de Nevers qui fit la même réponse. Enfin Arnauld fixa son choix sur le comte de St-Paul, qui manifesta une égale horreur de cette proposition. Alors l'impérieux abbé que ce refus embarassait, fit nommer deux évêques et quatre chevaliers, qui furent chargés d'élire le gouverneur du pays conquis. Simon de Montfort, comte de Leicester, réunit les suffrages, mais il n'accepta ce nouveau titre qu'à forces d'instances et même par les ordres positifs de l'abbé de Citeaux. Le premier soin de ce prince, après son élection, fut de témoigner son dévouement à l'église romaine et sa reconnaissance envers le légat. Dès qu'il eut pris possession de Carcassonne et des domaines de Roger, et reçu le serment de fidélité des habitans, il fit expédier une chartre dans laquelle il dit : « que pour obtenir « la grâce du seigneur par les prières de ses saints, il donne « à l'église de Notre-Dame de Citeaux, entre les mains « d'Arnauld son abbé et légat du siège apostolique, une maison « située à Carcassonne, une autre à Béziers, et une troisième « à Salettes, lesquelles maisons avaient appartenues à divers « hérétiques » Cet acte est daté du mois d'août 1209.

Après la prise de Carcassonne, le comte retourna dans ses états. Il fit à son arrivée différents traités avec Simon de Montfort et pour le convaincre de sa bonne foi, il s'engagea à donner sa fille en mariage au fils de ce seigneur, mais cette offre, toute loyale qu'elle était, ne put lui concilier l'attachement de son rival, car peu de tems après son retour à Toulouse, le comte de Montfort et l'abbé de Citeaux lui envoyèrent des députés pour le sommer de leur livrer, sous peine d'interdit et d'excomunication, tous les habitans que ces députés nommeraient, avec ordre de se disculper en présence des barons de l'armée. Raymond indigné d'une semblable proposition qui blessait à la fois les lois de l'honneur et celles de l'humanité, repondit fièrement aux deputés du comte et de l'abbé de Citeaux qu'il n'avait rien à démêler avec eux, et que d'ailleurs il ne lui appartenait pas de disposer du sort de ses sujets. Qu'il avait reçu son absolution du légat Milon, et que puisqu'on lui suscitait une nouvelle querelle il était résolu de se rendre à Rome pour se plaindre au pape de toutes les vexations dont les croisés se rendaient coupables dans sa province, sous le prétexte de poursuivre les hérétiques. Le légat et le comte ayant appris cette résolution, firent tous leurs efforts pour conjurer l'orage et envoyèrent auprès de Raymond de nouveaux députés pour l'appaiser et pour lui persuader qu'il serait bien plus avantageux pour lui de traiter directement avec eux, mais le comte persistant dans sa résolution , leur déclara qu'il irait , non seulement à Rome , mais encore à la cour de France et à celle de l'empereur pour leur représenter, ainsi qu'à tous les barons du royaume, les maux et les vexations qu'ils commettaient sur tous les lieux de leur passage.

Sur ces entrefaites les habitans de Toulouse adressèrent de leur côté au pape une longue lettre par laqu'elle ils se plaignirent amèrement des injustices et de l'oppression de l'abbé de Citeaux , et dans laquelle ils exposèrent sous des couleurs énergiques l'astuce , la perfidie et l'ambition de cet homme dangereux. Ils prouvèrent dans cette lettre que tout le prétendu zèle de ce légat ne tendait qu'à dépouiller leur comte de ses domaines en faveur de Simon de Montfort. De son côté , Arnauld écrivait les lettres les plus fortes pour justifier sa conduite auprès d'Innocent III. Le pontife dont il avait gagné la confiance , lui répondit qu'il était satisfait de ses services et qu'il lui attribuait tout l'honneur et la gloire des succès que les croisés avaient remportés sur les hérétiques ; il l'exhorte à continuer ses travaux sans perdre courage et l'invite à ne pas se laisser rebuter par les désagrémens qu'on lui faisait éprouver. Arnauld enhardi par les encouragemens du pape excomunia les habitans de Toulouse, mais ceux ci se plaignirent de nouveau à Innocent des vexations de son légat, mais ces nouvelles représentations n'eurent pas plus de succès que les premières. Cependant le comte Raymond ayant obtenu du souverain pontife les ordres nécessaires pour être reçu à se laver du reproche d'hérésie, se rendit auprès de l'abbé de Citeaux pour les lui signifier. Le politique abbé , dont l'astuce formait le fond du caractère , le reçut avec de grandes démonstrations d'amitié et lui promit de se rendre à Toulouse pour y recevoir ses moyens de justification. A son arrivée dans cette ville, il assembla les évêques d'Uzès et de Riez, ses collègues , mais il ne voulut rien conclure dans cette conférence , sous le prétexte que maître Thedize , que le pape avait nommé principal commissaire dans cette affaire , était absent. Ce Thedize n'était qu'un simple prête nom et l'organe passif des volontés d'Arnauld. Ce nouveau retard , résultat de la mauvaise foi de ce négociateur, ne tendait qu'à fatiguer le comte de Toulouse et de le réduire au désespoir pour envahir ses états et en disposer en faveur du comte de Montfort, auquel il était entièrrement dévoué. Enfin maître Thedize arriva : la conférence s'entama et Raymond, pour garant de sa bonne foi, et plein de confiance en celle des légats, leur remit, d'après les conseils de Foulques evéque de Toulouse dont il était trahi, son propre palais, mais l'abbé Citeaux dont la déloyauté égalait la perfidie, retint cette forteresse et y mit une nombreuse garnison.

Cette affaire fut interrompue par une expédition dirrigée par les croisés contre les hérétiques du Languedoc. Le comte de Montfort ayant assiégé le comte de Minerve dans son château, s'en empara et les hérétiques qui s'y trouvèrent furent brûlés vifs au nombre de cent quatre-vingt ; l'histoire des albigeois rapporte que ces tristes victimes de l'erreur, se précipitèrent d'elles-mêmes dans le bûcher qui leur était préparé, et qu'elles aimèrent mieux supporter le plus affreux des supplices que de renoncer à leurs principes.

Après cette barbare expédition si fameuse dans les annales de l'histoire du Languedoc, et dont toute l'horreur appartient à l'abbé de Citeaux, ce criminel abbé revint à Narbonne au mois de Janvier 1211 pour assister à une conférence qui fut tenue dans cette ville et à laquelle se trouvèrent le roi d'Arragon, le comte de Toulouse son beau frère, et Simon de Montfort. Cette conférence avait pour prétexte de trouver les moyens de reconcilier le comte Raymond avec l'église ; mais ce seigneur révolté de toutes les vexations et les injustices de l'abbé Arnauld, refusa toutes les propositions qui lui furent faites. Ce légat dissimulant son ressentiment convoqua un nouveau concile à Arles en Provence et fit prier de nouveau le roi d'Aragon de s'y trouver avec le comte de Toulouse. Lorsque ces deux princes furent arrivés, l'astucieux Arnauld, ne conservant plus aucun ménagement, leur fit défense au nom du concile de sortir des murs de la ville sans sa permission et portant l'audace à son comble, il imposa au comte Raymond les conditions les plus dures et les plus humiliantes; mais celui-ci bravant la défense qui lui avait été faite, se retira pendant la nuit avec le roi qui partageait son indignation. Alors le perfide légat qui ne cherchait qu'un prétexte pour se livrer à toute son animosité, lança contre lui les foudres de l'excomunication , le déclara publiquement ennemi de l'église, apostat de la foi , et disposa de ses états en faveur du premier occupant. Cet audacieux abbé fit ensuite instruire le pape des mesures qu'il avait prises et justifia l'horreur de sa conduite en chargeant sa victime. Ce pontife confirma l'excomunication du comte de Toulouse par une lettre du 17 Avril 1211 adressée à l'archévéque d'Arles et à ses suffragans. Innocent III , non content de cet acte de rigueur , déposa de leurs fonctions l'archévéque d'Auch et les évéques de Rodez et de Carcassonne, comme étant partisans du comte Raymond et les fit remplacer par d'autres prélats entièrement dévoués à Simon de Montfort.

Le vindicatif Arnauld ne borna pas là son ressentiment. Voulant déclarer une guerre à mort à son ennemi, il envoya en France l'évéque de Toulouse pour y solliciter de nouveaux secours contre les hérétiques, et principalement contre le comte Raymond qu'il désignait comme le plus dangereux de leurs chefs. Ce nouveau renfort augmenta l'audace de l'abbé et de son complice Simon de Montfort. Ce dernier soutint contre les albigeois une guerre sanglante et désastreuse dont le légat était pour ainsi dire l'ame. Il assistait en personne à toutes les expéditions , réglait les capitulations , prénait possession des châteaux ou forteresses et dictait lui-même les lois aux vaincus.

Nous ne suivrons point cet audacieux abbé dans le cours de ses odieuses conquêtes et nous ne rapporterons point ici toutes les injustices et toutes les cruautés dont ils se rendit coupable. Nous nous bornerons à dire que la plus part des croisés qui en étaient témoins en furent eux-mêmes indignés et que sans la cainte de l'excomunication que l'on considérait alors comme le plus grand châtiment du ciel, le plus grand nombre eut abandonné la cause de l'abbé de Citeaux pour embrasser le parti de son ennemi qui était la victime de ses vues ambitieuses ; mais il est un terme à la tyrannie et la providence se servit du complice d'Arnauld

pour arrêter ses fureurs. La mésintelligence se mit parmi eux.
Le pape pour récompenser les services de son légat lui accorda
en 1212 l'archévéché de Narbonne, mais cet adroit prélat ne
se vit pas plustôt élevé sur le siège épiscopal qu'il usurpa
le duché de cette ville qui avait été de tous tems la propriété des
comtes de Toulouse. De son côté Simon de Montfort dont
le projet était de jouir entièrement des dépouilles de son
prédécesseur s'opposa aux vues ambitieuses de l'archévéque
dont il avait été jusqu'alors l'ami intime, mais l'intérêt,
cette pomme de discorde qui rompt jusqu'aux lieux du sang,
ne tarda pas à désunir ces deux hommes également dangereux. Le comte voulant affoiblir l'autorité de son rival donna
l'ordre de détruire les murs de Narbonne sous le prétexte
de punir les habitans de cette ville qui, disait-il, s'étaient
déclarés contre *dieu et la religion*. L'archévéque voulut
s'opposer à ses ordres, mais ses efforts furent impuissans, et
celui du comte reçut son exécution. L'affaire fut portée
devant le pape qui reçut les plaintes des deux partis, mais il
parut donner droit à son archévéque dans une lettre qu'il
écrivit au comte pour lui faire des reproches sur sa conduite
avec Arnauld, dont il fait le plus grand éloge.

Simon de Montfort voyant que son rival possedait la
confiance du pape forma le projet de se rendre à la cour
du roi de France pour y solliciter l'investiture des domaines
qui lui avaient été accordés par un concile antérieur, mais
voulant prendre auparavant possession du duché de Narbonne,
il se diposa à prendre le chemin de cette ville dans laquelle
l'archevêque Arnauld avait fait son entrée quelque tems auparavant en qualité de duc et gouverneur. Pour assurer le
succès de son entreprise, Montfort en appella de nouveau
au pape et mit sous sa protection sa personne, ses alliés,
ses domaines, et ajourna l'archévéque à comparaitre en sa
présence. Cet impérieux prélat lui répondit avec hauteur
que si jamais il lui arrivait d'usurper le duché de Narbonne,
ou s'il apportait le moindre obstacle à l'exécution de ses
projets il l'excomunierait comme les autres avec tous ceux
qui lui prêteraient des secours; il termina par lui défendre
d'entrer dans la ville de Narbonne, mais ce comte faisant

peu de cas de sa défense, se mit en route pour si rendre avec sa suite. L'archévêque à son arrivée voulut faire fermer les portes de la ville, mais les *gens d'armes* le repoussèrent en s'y opposant et tirèrent leur épée. Le comte de Montfort fit son entrée dans la ville sans autre opposition, reçut l'albergue du vicomte et fit arborer son étendart sur la tour de son palais. Aussitôt l'archevêque lança contre lui un nouvel anathème et l'excomunia en présence du chapitre et du clergé. Il jetta en même tems l'interdit sur toutes les églises de Narbonne; cela n'empêcha pas Simon d'y faire célébrer le service divin, et de ne répondre aux menaces de l'archevêque que par des railleries piquantes. Arnauld furieux d'un pareil mépris renouvella son anathème auquel les gens du comte ne répondirent que par des pierres qu'il jettèrent dans les fenêtres du palais épiscopal.

Arnauld écrivit au pape pour demander la confirmation de l'excomunication du comte, mais la mort d'Innocent III qui arriva sur ces entrefaites, força le vindicatif prélat de s'adresser à Honorius III, son successeur. Ce pontife qui ne voyait dans cette affaire qu'un mépris de religion de la part de Simon de Montfort écrivit le 7 mars 1217, au cardinal Bertrand, légat en Provence, pour lui ordonner de rétablir l'archevêque Arnauld dans les biens et prérogatives dont il avait été dépouillé, de confirmer ou d'infirmer la sentence d'excomunication et de terminer ce différend selon la justice en lui en faisait connaître la décision. Malgré cet ordre formel on doute que cette affaire ait été jamais terminée, du moins on en ignore la manière. Tout ce que l'on sait de certain, c'est que Simon de Montfort appuyé de l'autorité du roi resta en possession du duché de Narbonne.

On connaît plusieurs lettres du pape Honorius adressées à l'archevêque Arnauld entr'autres une datée de la 8e. année de son pontificat, 1224, par laquelle ce souverain pontife lui ordonne d'engager le comte de Toulouse à restituer à l'église de Maguelone le château de Meigueil avec ses dépendances. Il lui en écrivit une autre, le 5 avril de la même année, par laquelle il lui annonce le choix qu'il a fait du cardinal évêque de Porto pour se rendre auprès du roi de France pour engager ce prince à renouveller en faveur de la foi, la guerre dans le midi, contre les hérétiques. Cette correspondance dont il est inutile de rapporter tous les détails sert à prouver l'adresse de l'abbé Arnauld qui savait s'insinuer adroitement dans l'esprit des premiers personnages de son tems et qui fut redevable à sa profonde politique du grand crédit dont il ne cessa de jouir jusqu'à l'époque de sa mort qui arriva peu de tems après. Sentant approcher ses derniers momens, il se retira dans l'abbaye de Fonfroide qui dépendait de l'ordre de Citeaux, où il fit son testament par lequel il légue à cette communauté tous ses livres, son palefroi, ses chevaux et deux de ses chariots; il mourut dans cette abbaye le 23 octobre 1225 : son corps fut transporté à l'abbaye de Citeaux, où il fut inhumé. Son épitaphe, qui était le précis de sa vie et qui était, dit-on, très-curieuse, fut enlevée de son mausolée en 1356, par des soldats, pendant la guerre du roi Jean.

L'existence de l'archevêque Arnauld n'ayant été qu'une longue chaîne d'intrigues, d'actions politiques, de voyages et de faits militaires, on ne doit pas s'attendre à trouver de ce prélat un grand nombre d'écrits, quoiqu'il fut véritablement un des personnages les plus érudits du 13e. siècle, mais le peu d'ouvrages qu'il a laissés sont d'un grand intérêt pour l'histoire de son tems. On a perdu malheureusement la plus grande partie des lettres qu'il a écrites pendant sa légation dans les provinces du midi, et qui eussent jetté un grand jour sur la guerre des albigeois. Cependant on trouve dans le recueil des lettres du pape Innocent III, une longue missive de l'abbe Arnauld écrite par lui, tant en son nom, qu'en celui de Milon son collègue et dans laquelle ils rendent un compte détaillé du succès de leur mission. D. Martenne, dans son trésor d'anecdotes, en cite une autre adressée à tous les fidèles et dans laquelle Arnauld prend la qualité d'élu de Narbonne et de légat du siége apostolique, et qui tend également à propager ses principes de vengeance contre la classe qu'il appelait hérétique. On a encore de ce prélat, une relation très-détaillée de la victoire remportée en 1212, sur *Miramolin* roi de Maroc. Cette relation est adressée aux différens abbés de l'ordre de Citeaux, elle contient un grand nombre de faits intéréssans qui ne se trouvent point dans l'histoire d'Espagne. On la trouve rapportée au long dans *l'Italie sacrée*, par Ughelli.

Les lettres que ce prélat écrivit au pape Honorius, roulent également sur les divisions qui existèrent entre lui et Simon de Montfort. Dans toutes ces lettres il se plaint amèrement de la conduite de ce seigneur qui lui devait sa nouvelle fortune et qui ne lui répondait que par la plus forte ingratitude. Il est facheux que sa correspondance avec ce dernier ne soit point parvenue jusqu'a nous ; elle nous eut, sans doute, donné une idée des ressorts de son abominable politique qui le portait à servir son ambition personnelle, sous l'apparence de son amour pour la foi et l'honneur de l'église. Charles de Wisch lui attribue en outre deux discours en beau style dont l'un, précédé d'une lettre adressée au pape Innocent III, tend à remercier ce pontif de l'honneur qu'il lui avait fait de lui dédier un de ses ouvrages, formant un recueil de sermons, et l'autre pour l'engager à reprimer, disait-il, l'insolence des albigeois qu'il ne pouvait parvenir à exterminer.

D'après cet exposé, on peut voir que l'embarras des affaires politiques empêcha l'abbé Arnauld de suivre la carrière littéraire qu'il avait embrassée par goût. Le petit nombre de ses ouvrages suffit pour prouver qu'il n'était point un homme ordinaire et que s'il n'eut point été distrait par des affaires si opposées au saint caractère dont il était revêtu, il eut occupé une des premières places parmi les écrivains du 13, siècle, mais sa mémoire sera toujours entachée du souvenir des persécutions et des atrocités dont il se rendit coupable envers la classe d'hommes alors proscrits et nommés *Hérétiques.*